$L^{27}n\ 20096.$

MÉMOIRE

POUR SERVIR A L'ÉLOGE

DU

MARÉCHAL DE VAUBAN.

PAR M. le Chevalier DE CUREL.

Bonum virum facilè crederes, magnum libenter.
Tac. in Agric.

A BRUXELLES,

Et se trouve A PARIS

Chez M. LAMBERT, Imprimeur, rue de la Harpe, près Saint Côme.

M. DCC. LXXXVI.

MÉMOIRE
POUR SERVIR A L'ÉLOGE

DU

MARÉCHAL DE VAUBAN.

«Sébastien Leprestre, Chevalier, Seigneur
» de Vauban, Maréchal de France, Chevalier
» des Ordres du Roi, Gouverneur de la Cita-
» delle de Lille, né en 1633, fut le plus grand
» Ingénieur & le meilleur Citoyen de son siècle.

» Il servit d'abord avec le Prince de Condé
» dans l'armée des Espagnols ; mais il fut facile
» de ramener à son devoir un Sujet fidèle qui
» croyoit peut-être ne pas s'en écarter. Son goût
» se décida de bonne heure pour l'étude de la
» Géométrie & des Fortifications. Porté sur l'aile
» rapide du Génie, instruit par une heureuse &
» brillante expérience, il parcourut dans un mo-

» ment la carrière où ſes prédéceſſeurs avoient
» marché d'un pas timide; & ce fut en prenant
» des places qu'il apprit l'art de les conſtruire.
» Il mépriſa la petite manie de ce qu'on appelle
» aujourd'hui *ſyſtême*. Chaque place lui fournif-
» ſoit une méthode différente, & ſon ſyſtême
» varioit comme le terrein qu'il avoit à fortifier.
» Il penſoit qu'on peut, ſans beaucoup de peine,
» diſpoſer d'une infinité de manières les parties
» d'une même fortification dans une plaine; mais
» il préféroit les moins compliquées; & l'on peut
» remarquer dans toutes les places qu'il a forti-
» fiées, combien il aimoit & recherchoit la ſim-
» plicité.

» Il a travaillé à plus de trois cents places, &
» il en a conſtruit trente-trois neuves; il a con-
» duit cinquante-trois ſiéges, & s'eſt trouvé à
» cent quarante actions de vigueur.

» Avec des titres auſſi reſpectables, il pou-
» voit ſe paſſer de beaucoup d'autres. Mais les
» ſervices qu'il rendit à ſa Patrie & à ſon Roi,
» furent récompenſés comme ils devoient l'être.
» Ceux qui veulent marcher ſur les traces de ce
» grand homme, apprendront avec plaiſir qu'il
» ne dut qu'à ſes talens & à ſes travaux les bien-

» faits dont il fut comblé. Il obtint des graces
» sans nombre, mais celles qu'il sollicitoit n'é-
» toient pas pour lui. Il avoit même refusé le
» bâton de Maréchal de France, parce qu'il
» craignoit que cette dignité ne lui enlevât les
» occasions d'être utile. Heureux de ses succès,
» sans ambitionner d'autre gloire, il trouvoit la
» récompense de ses travaux dans ses travaux
» mêmes. Il mettoit toujours ses services au-des-
» sous des bienfaits qu'il recevoit, & il croyoit
» acquitter une dette, en employant une partie de
» ces bienfaits à secourir dans le Militaire les
» talens timides & la vertu malheureuse.

» Il mourut le 30 Mars 1707.

» On peut lui appliquer ce que Tacite disoit
» d'Agricola, *Bonum virum facilè crederes, magnum*
» *libenter*. Homme de génie, bon citoyen, tan-
» dis que ses écrits instruiront ses successeurs,
» ses vertus seront le modèle sur lequel se
» formera le sage ; l'histoire le contemplera
» avec plaisir pour le peindre, & l'homme
» juste & sensible qui voudra honorer sa mé-
» moire, ne pourra s'empêcher de mêler quel-
» ques larmes aux fleurs dont il parera son
» tombeau.

» On a de lui un *Traité de l'attaque & de la
» défense des Places*, réimprimé plusieurs fois de-
» puis sa mort; *un Traité d'Hercotectonique*,
» recueilli de différens mémoires, & imprimé en
» 1769. Il a composé douze gros volumes ma-
» nuscrits sur les fortifications, la discipline mili-
» taire, les campemens, la marine, & sur les cour-
» ses par mer en temps de guerre; sur les finan-
» ces, la culture des forêts, le commerce, & sur
» les Colonies Françoises en Amérique. Le Livre
» intitulé : *La Dîme Royale*, n'est point de lui,
» comme quelques-uns l'ont prétendu [*].

Tel est l'homme à la mémoire duquel l'Académie Françoise va consacrer un hommage public : tel est l'homme dont le nom, inscrit dans
les annales de la Nation, gravé dans tous les cœurs
François, durera autant que celui de la Monar-
chie, & vivra encore quand les monumens de
l'art de fortifier n'existeront plus. Les plus grands
Généraux de son temps, les Militaires les plus
éclairés, les Ingénieurs les plus célèbres, ont con-
firmé par leurs suffrages une réputation acquise

---

[*] Article VAUBAN du grand Vocabulaire François.

par cinquante ans de travaux & de succès. L'Europe entière a consacré ce jugement depuis quatre-vingt ans qu'il n'est plus.

Cependant, ce grand homme eut de son vivant quelques détracteurs, qui, jaloux de sa réputation & éclypsés par l'éclat de sa gloire, essayèrent de l'obscurcir. L'envie, excitée par la rivalité des Ingénieurs étrangers, se déchaîna jusqu'au point de faire imprimer contre lui des injures grossières [*]. Ses conseils furent rejetés

---

[*] Dans un Livre intitulé *l'Ingénieur moderne*, on lit que Vauban a été surpassé par un grand nombre d'Ingénieurs; que sa méthode n'est bonne que pour des apprentis, & qu'on peut la ranger au nombre de ces systêmes qui ne méritent pas la moindre attention. L'Auteur compare Vauban à ces faux Dieux, dont on écoutoit de bonne foi les oracles, quoiqu'on en reconnût la fausseté. Et quels étoient ces grands Ingénieurs qui surpassoient Vauban ? C'étoient *Speckel, Schört, Rimpler, Rosetti, Wertmuller,* &c. Quel étoit l'Auteur qui croyoit ainsi rabaisser un grand Homme ? C'étoit un Fortificateur qui prétendoit les effacer tous, & qui proposoit pour systême de fortifier l'enceinte des Places par plusieurs citadelles à quatre bastions, contiguës & se défendant également contre le dedans & le dehors, &c. On pense bien que ce Dieu qui tentoit de renverser les statues de Vauban, n'étoit pas le véritable.

Au reste, l'intention de l'Ingénieur moderne étoit peut-être moins de rabaisser Vauban, que de se proposer mopar le Duc de la Feuillade, le plus mauvais Général de son temps, qui, chargé de faire le siége de Turin, disoit qu'il prendroit cette Place à la Coehorn, & qui ne la prit pas. Mais Vauban, supérieur à l'envie, ne s'appercevoit guère des efforts impuissans de quelques Écoliers qui prenoient pour l'art du Génie, le talent si futile & si dédaigné de tracer des polygones sur du papier. Ainsi le bourdonnement d'un insecte se perd dans l'herbe où il est caché, tandis que l'aigle qu'il veut atteindre s'élance dans la vaste étendue des airs.

Que Zoïle ait tenté de flétrir Homère, que Virgile ait été déchiré par Bavius & Mœvius. C'est le sort des grands hommes d'être de leur vivant en proie à l'envie ; mais elle se tait auprès d'une froide cendre, & quand la postérité a couvert leurs ouvrages immortels des palmes du génie,

---

destement pour modèle. Il craignoit sans doute que l'acquiescement de son siécle à la prédominance du systême d'un homme si célèbre, ne nuisît au sien, & qu'il n'en résultât une opposition absolue contre celui-ci, qu'il regardoit sûrement comme le meilleur. Si la réputation de Vauban étoit bien méritée, il vouloit prouver seulement qu'on pouvoit en acquérir une autre qui l'eût été encore mieux.

ils n'ont plus pour détracteurs que les ennemis des beaux arts & de ceux qui les cultivent.

Sans doute la postérité a le droit d'examiner les titres qui motivent son admiration & sa reconnoissance. Mais quel homme seul osera juger les œuvres de l'homme de génie, s'il n'est doué d'un génie égal? Quel homme seul entreprendra de détruire l'ouvrage de l'art le plus profond, sans avoir mis à sa place un ouvrage plus parfait? Qui osera dire à la Nation que Vauban n'excita parmi ses contemporains qu'un enthousiasme aveugle, propagé par un assentement stupide & des imitations serviles? Qui pourra reprocher à Louis XIV d'avoir élevé un homme dont l'art contribua également à ses conquêtes, à la défense & à la splendeur de son Royaume? Qui reprochera aux grands Généraux de ce siècle d'avoir emprunté le secours de cet art; au Corps Militaire que Vauban forma, de le reconnoître pour Maître, & à la Nation de payer un juste tribut de reconnoissance à tant de travaux & de bienfaits?

Ces reproches seroient au moins le fruit d'un examen sérieux & réfléchi, supposeroient une immensité de connoissances, & annonceroient un homme supérieur aux petits intérêts de corps & de parti.

Les détracteurs de Vauban ne lui reprochèrent point pendant sa vie des faits qu'il lui eût été facile de mettre au plus grand jour. Ils ne l'accusèrent point, par exemple, d'avoir dépensé 1440 millions en fortifications inutiles. Il leur eût répondu que cette dépense ne fut pas de 500 millions ; que, vu la politique de l'Europe & les circonstances où la France se trouvoit alors, l'entretien & la réparation de ses Places étoient absolument nécessaires, & que d'ailleurs il ne fut que l'instrument de cette dépense. C'est ainsi que depuis Vauban on entretient encore ces barrières du Royaume, malgré l'influence d'une politique plus sage, qui semble aujourd'hui en restreindre le nombre. Il faut ajouter que l'économie présida à tous ces travaux ; & c'est sans doute une obligation de plus envers Vauban, & que l'État n'eût point contractée envers des Fortificateurs moins habiles & moins zélés pour le service.

Des Militaires peu instruits, jaloux de leur profession, & des Généraux plus zélés pour leurs intérêts particuliers que pour la sûreté de l'État, ont blâmé sans restriction l'usage des forteresses, comme si cette sûreté eût résidé dans leurs bras. De vains déclamateurs ont adopté cette erreur, mais ils ne l'ont point accréditée, & l'expérience a sans cesse déposé contre eux. Alexandre vit pour la première fois chanceler sa fortune sous les murs de Tyr. Le triomphe d'Alexie est le plus beau qu'ait remporté César. Metz fut le terme des exploits de Charles-Quint, & le tombeau de sa puissante armée. « La France, non entamée » sous Louis XIV, après neuf ans de la guerre la » plus malheureuse, montrera évidemment l'uti- » lité des Places frontières qu'il construisit. En » vain l'Auteur des Causes de la chûte de l'Empire » Romain, blâme-t-il Justinien d'avoir eu la » même politique que Louis XIV. Il ne devoit » blâmer que les Empereurs qui négligèrent les » Places frontières, & qui ouvrirent les portes » de l'Empire aux Barbares [*] ».

C'est dans le même esprit de défense, de précaution & de sagesse que le Gouvernement chargea Vauban d'élever trente-trois Places neuves, & c'est avec le même esprit d'économie qu'il les construisit. Un front de fortification, tel

___

[*] Article *Histoire* de l'Encyclopédie.

que la plupart de ceux qui fortirent de fes mains, coûteroit au plus aujourd'hui cinq cent mille liv. Ce feroit trois millions pour chaque Place fuppofée hexagone, & pour les trente-trois, 99 millions.

Mais cette évaluation, qui diffère déjà de la dépenfe qu'on lui attribue, eft fans doute fort au-deffus de la dépenfe réelle, qu'il feroit bien facile encore de conftater. Car nous favons que la dépenfe totale de Neuf-Brifack, qui a huit fronts, a été de 2,465,437 livres 4 fols, ce qui fait pour chaque front environ 308,180 livres. Encore faudroit-il, pour imputer à Vauban la totalité de cette dépenfe, fuppofer qu'il a déterminé le Gouvernement à adopter ces conftructions, après les lui avoir fait envifager comme néceffaires, & démontrer enfuite qu'elles ne l'étoient pas [*].

Ce feroit auffi une grande injuftice d'accufer

---

[*] Le livre de M. de Forbonnois attefte que les dépenfes relatives aux fortifications depuis 1672 jufqu'en 1706, ne s'élèvent pas à 500 millions. Dans cette fomme il y a, comme on vient de le voir, environ 439 millions à la décharge de Vauban, en le chargeant abfolument de toutes les conftructions neuves.

Vauban d'avoir fait des fortifications aujourd'hui inutiles ou moins importantes, comme Toul & Schélestatt. Qui ne sait que cette dernière Place fut fortifiée avant la conquête de Strasbourg, & que la Lorraine n'appartenoit point à la France, quand l'autre fut entourée de bastions ?

Des imputations si légères, si éloignées de la vérité, ne méritent pas d'être réfutées sérieusement. Mais si d'après mes foibles connoissances j'osois apprécier les ouvrages de Vauban ; si, mettant à profit les lumières des plus grands Maîtres, & l'expérience acquise pendant près d'un siècle, je voulois rechercher combien il contribua à la perfection de son art, je distinguerois les erreurs ou l'écart des principes, des imperfections inséparables d'une pratique immense & d'une exécution confiée à des mains inhabiles que Vauban ne pouvoit surveiller. Tel le relief de Belfort s'élève imparfait sur un plan aussi bien tracé que bien conçu. Je ferois voir que les erreurs qu'on lui attribue n'existent point, & que les imperfections les plus sensibles de ses ouvrages, ont été & sont encore méconnues par ses détracteurs les plus ardens à les relever.

De ce que Vauban prit en treize jours la Ville d'Ath qu'il avoit fortifiée, je ne conclurois point qu'il ne ſavoit pas fortifier [*]. Je me garderois d'aſſurer que la véritable fortification doit ſuppléer non-ſeulement au nombre, mais à la qualité des troupes, ainſi qu'au génie

[*] Il eſt de la nature de la défenſe d'être, au moral ainſi qu'au phyſique, inférieure à l'attaque : au moral, parce que ſi le parti qui ſe défend n'eſt pas inférieur en nombre, en courage, en adreſſe, en armes, au parti qui attaque, il a du moins l'opinion de cette infériorité : au phyſique, parce que l'aſſiégeant peut ſe développer ſur un plus grand front que l'aſſiégé, à moins que la défenſe ne ſoit favoriſée par des obſtacles naturels qui reſſerrent l'aſſiégeant ſur une ligne égale ou plus petite que celle qu'il attaque. Voilà l'une des raiſons pour leſquelles la ville d'Ath fut priſe en treize jours. La ſeconde, c'eſt que Vauban l'aſſiégeoit. On reconnoît unanimement combien il fut ſupérieur dans l'attaque à tous les Ingénieurs de ſon tems ; & c'eſt à juſte titre qu'on lui donneroit comme à Démétrius, le ſurnom de *Poliorcètes*.

Mais quels reproches ne lui adreſſeroit-on pas aujourd'hui, s'il eût employé plus de tems aux ſiéges dont il fut chargé, & ſur-tout à ceux des Places qu'il avoit conſtruites, & que par cette raiſon il connoiſſoit le mieux ? Et ſi Vauban eut l'art de prendre promptement les Places, il eſt à croire qu'il auroit eu celui d'en ſoutenir long-tems la défenſe, il eſt à croire qu'avant ſoixante-deux jours de réſiſtance, il eût fait lever le ſiége d'une place amplement munie, & dont la garniſon eût été en nombre à l'aſſiégeant, dans le rapport de 12 à 17.

des Gouverneurs [*] ; & de ce que Vauban n'a pas rempli ce triple objet, je ne me croirois pas fondé à dire qu'il n'a fait que propager les erreurs de l'art du Génie ; qu'il est indigne par conséquent de la couronne que la Nation s'apprête à lui décerner.

Je ne l'accuserois point de n'avoir eu qu'un moyen de fortifier qu'il appliquoit à tous les cas. Ses ouvrages attestent le contraire. Une longue & savante expérience lui avoit démontré la futilité de ce que ses Commentateurs ont nommé *système* ; & ses formules étoient celles qui résultent nécessairement des armes de jet en usage. Il savoit combien les travaux de l'art sont foibles & mesquins auprès des remparts qu'élève la nature ; il s'étudia sans cesse à profiter de ceux-ci, en y subordonnant les autres.

Les plus difficiles de tous les Arts, dit Fon-

---

[*] Tout cela se trouve page 28 d'une Lettre à l'Académie Françoise, par M. Choderlos de Laclos. On pourroit sans doute conclure d'une telle maxime, que les places doivent être construites de manière à se défendre seules. Ce seroit au moins être modéré que d'en induire qu'au lieu d'abandonner quelques-unes de nos places, il faut au contraire remplir de fortifications nouvelles les intervalles de celles qui existent.

tenelle, font ceux dont les objets font changeans, qui ne permettent point aux efprits bornés l'application commode de certaines règles fixes, & qui demandent à chaque moment les reffources naturelles & imprévues d'un génie heureux.

C'eft dans les mêmes principes que travaille encore le Corps Militaire dont Vauban fut le Chef. C'eft par-là que fe font diftingués plufieurs Officiers de ce Corps, entre lefquels on peut citer M. de Cormontagne, célèbre furtout par le talent qu'il eut d'adapter fes tracés au terrein. Il corrigea les imperfections de Vauban, & n'en fut pas lui-même exempt. Que ne puis-je en ce moment rendre le même hommage à ceux qui parcourent avec le même fuccès la même carrière! Il feroit doux à l'amitié de rendre public un hommage fondé fur une *eftime fentie*. Ainfi les lumières de ce Corps fe tranfmettent d'âge en âge par des études profondes, les connoiffances fe multiplient, les fautes s'effacent, & l'Art fe perfectionne. Mais fi depuis Vauban cet Art a fait quelques progrès, on peut dire qu'il les a lui-même préparés, & c'eft une des preuves les moins équivoques de fon génie.

Je

Je fais qu'entre fes fucceffeurs il en eft qui ont méconnu ce génie, qui ont cru fe mettre en parallèle avec Vauban, en propofant pour méthode unique & générale des tracés conçus avec peine, & rapportés fur le papier avec tout l'appareil de la fymmétrie & du deffin. Il eft trop vrai encore que c'eft par-là que croient rivalifer avec le Corps du Génie, ceux qui prétendent exercer un art qui exige les connoiffances les plus étendues & les plus difficiles [*]. Qui ne voit que

---

[*] Perfonne n'ignore combien la Géométrie eft effentielle à l'art du Génie. Platon, dans fa République, liv. 7, vouloit qu'un Ingénieur fût Géomètre. Toutes chofes égales, dit-il, un Géomètre aura plus de facilité qu'un autre pour affeoir un camp, pour prendre des places, pour refferrer ou étendre une armée, pour en déterminer les évolutions & la marche. Mais combien d'autres fciences encore font néceffaires à l'Officier du Génie ! On fait que la méchanique, l'hydraulique, &c. font, avec l'algèbre & la géométrie, l'objet de fes études préliminaires. Ceux qui prétendent que ces connoiffances font inutiles, font, fans le favoir, la cenfure du Gouvernement, qui les exige dans les Élèves qu'il veut adopter : & fi elles font néceffaires, comment doit-on accueillir les prétentions de ceux qui s'imaginent être de petits Vaubans, quoiqu'ils en foient dépourvus ? Mais écoutons Vauban lui-même quand il parle des qualités néceffaires à l'Ingénieur, l'intelligence, la valeur, beaucoup d'efprit joint à un jugement folide. *Outre ces qualités*, dit-il, *cette profeffion*

B

cette absurde & ridicule manie, quand elle se fait écouter, contribue plus à la lenteur des progrès de l'Art, que le défaut d'application & de pratique ? Est-il un seul de ces Fortificateurs, qui, contemplant son ouvrage, ne dise intérieurement comme le Maréchal de Saxe: *je crois qu'une telle fortification dégoûteroit furieusement du goût que l'on a pour les sièges* [*].

Que seroit aujourd'hui l'art de fortifier, s'il eût été abandonné à ces Auteurs si passionnés pour des productions déjà tombées dans la nuit de l'oubli ? Quel Général, après le Maréchal de Saxe, voudra descendre dans les profondeurs de

───────────────

demande une étude perpétuelle & une expérience consommée sur les principales parties de la guerre. Or, si la nature assemble très-rarement beaucoup de cœur, d'esprit & de jugement dans un homme seul, il est encore plus extraordinaire d'en voir échapper à la violence de nos sièges, & qui vivent assez pour pouvoir acquérir les deux autres. Cela supposé, on ne doit pas s'étonner si parmi tant de gens qui se croient Ingénieurs & qui se le disent, on en trouve si peu d'habiles & qui le soient effectivement. Le métier en est grand & très-noble ; mais il demande un génie fait exprès, & l'application continue de plusieurs années ; & c'est en quoi la nature & la rigueur de nos sièges s'accordent rarement. Mémoire sur la conduite des sièges.

[*] Mes Rêveries, Liv. II. Chap. IV. art. E.

cet art, & abforber dans cette étude un tems déjà fi court pour les vaftes connoiffances que fes fonctions exigent? Il n'en eft point qui ne borne fa fcience à cet égard à connoître les rapports très-étendus qui lient l'art du Génie à la tactique. Mais le Corps chargé de veiller aux barrières du Royaume, utile en paix comme à la guerre, exerce envers les novateurs dans cet art, même contre fes propres membres, une cenfure impartiale & févère, dont l'État retire le plus grand avantage. Peut-être feroit-il utile auffi de diriger la cenfure contre le Corps lui-même; mais ce feroit en foumettant fes travaux & fes opinions à l'examen d'un Confeil militaire, préfidé par des Officiers généraux, & non à l'infpection particulière de ces Officiers [*]. Maigret, Ingénieur diftingué par l'étendue de fes connoiffances, avoit

---

[*] Un Miniftre qui a eu des vues excellentes & qui en a confié l'exécution à des mains vulgaires, M. de Saint-Germain, qui a pouffé jufqu'à l'enthoufiafme l'admiration & l'eftime qu'il avoit pour le Corps du Génie, a porté à ce Corps une atteinte dont il eft à defirer qu'il fe relève bientôt. Ses fonctions, ufurpées par d'autres Corps, y introduiront enfin un dégoût capable d'anéantir les talens qui le diftinguent.

conçu l'idée d'un tel conseil, & nous desirons que le Gouvernement la réalise.

Après avoir envisagé Vauban comme Fortificateur, considérons-le comme Tacticien, & voyons comment il appliqua son art aux mouvemens des armées, c'est-à-dire, comment il disposa ses places pour protéger & pour nuire, pour attaquer l'ennemi & pour s'en défendre.

On voit d'abord qu'à cet égard il eut peu de choses à faire, qu'il n'eut presque jamais le choix de ses positions, toujours déterminées soit par l'assiéte d'une ville déjà bâtie, comme Toul, Landaw, soit par une disposition de terrein favorable aux fortifications, soit enfin par d'autres circonstances relatives à l'économie, aux approvisionnemens, &c. Si Vauban avoit fait des fautes de ce genre, elles prouveroient encore sa supériorité, puisque le Gouvernement s'en fût rapporté à lui seul sur ce point, ou que ses projets auroient eu la sanction des Militaires les plus instruits. Blâmer la position d'une forteresse, parce que tel Général la laissa derrière lui dans un mouvement hardi & mal assuré, c'est, ce me semble, faire la censure du Général, & non celle du Fortificateur.

Personne, jusqu'ici, n'avoit imaginé que Landaw

fût par cette raison mal situé. C'est encore comme si l'on disoit que le Soldat François est un mauvais Soldat, parce que sous tel Général il fut vaincu. Landaw occupant par le centre l'entrée de la Basse-Alsace, défendu d'ailleurs par des lignes & deux rivières qui le traversent depuis les Vosges jusqu'au Rhin, opposera toujours des obstacles invincibles aux approches d'une armée ennemie, quand un Général saura s'en servir. Le seul reproche fondé qu'on puisse faire à Vauban en ce genre, c'est d'avoir trop éloigné Neuf-Brisack de l'objet contre lequel il a été construit. Mais celui qui a reconnu cette faute étoit un maître de l'art [*], digne par ses connoissances & par ses talens d'apprécier ce grand Homme, & qui sans être ébloui par son génie, se plut sans cesse à lui rendre hommage.

Et ce n'est pas seulement sur toutes les parties de la guerre que s'est manifestée la supériorité de Vauban. Les Marins reconnoissent encore la justesse & l'étendue de ses vûes sur les objets qui les concernent. Ses projets sur le commerce & la navigation de l'intérieur du Royaume, portent la

---

[*] M. Baudouin.

même empreinte. Il est vrai que ses idées à cet égard ont été perfectionnées ; mais partout son génie créateur se fait sentir par la simplicité & la facilité qui le caractérisent.

L'art de la guerre, qui n'est pas toujours l'art de détruire les hommes, devenoit entre ses mains celui de les conserver, & c'est encore un des caractères de la vraie grandeur. C'est sans doute à l'élévation de son ame qu'il dût celle de son génie. Par-tout on en ressentoit la double influence, & si son Souverain & sa Patrie recueillirent les fruits de ses travaux, il n'est aucune classe de citoyens qui n'ait profité de sa bonté & de sa générosité.

Pardonne, ô grand Homme, si ma foible voix se mêle en ce moment à celle de la Nation entière. J'ose croire que ton ombre auguste se complait à l'hommage que je rends à tes vertus plus qu'à l'admiration que ton génie m'inspire. L'Histoire n'a que trop célébré les Conquérans. L'admiration des hommes n'a jamais manqué à la vertu guerrière ni aux productions du génie. C'est à la vertu bienfaisante qu'ils doivent des autels, & cette vertu conserveroit à jamais ton nom dans

(23)

nos cœurs, quand il ne feroit pas infcrit au Temple de Mémoire. Tel eft l'afcendant de ton génie, que dans la méditation de tes ouvrages, tes fucceffeurs refpirent une portion de l'efprit qui t'anima, & qu'en acquérant des talens dans cette étude, ils en follicitent l'emploi plus que la récompenfe.

www.ingramcontent.com/pod-product-compliance
Lightning Source LLC
Chambersburg PA
CBHW060930050426
42453CB00010B/1939